AF503553

OCTOBRE

TROISIÈME ÉDITION

Droits & Devoirs des Locataires

vis à vis des

❧ Propriétaires

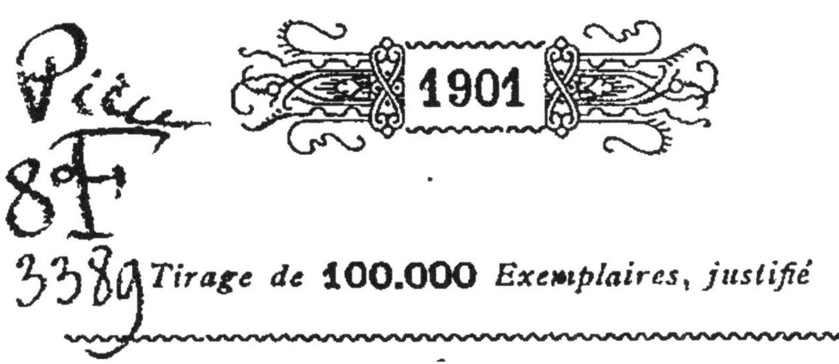

1901

Tirage de **100.000** Exemplaires, justifié

EXEMPLAIRE GRATUIT

Droits et Devoirs des Locataires

§ 1. — Bail sous seing privé.

Il doit être fait sur une feuille de papier timbré. Il peut être fait sous forme de lettre que l'on fait enregistrer. *Les ratures et les renvois écrits en marge doivent être parafés par les parties.* Tout bail doit être **enregistré dans les trois mois de sa date** *sous peine de payer l'amende, qui est le double du droit.*

Il faut écrire en toutes lettres les sommes et les dates afin d'éviter toute contestation et faire précéder la signature de la mention : « *Lu et approuvé* ». Chaque original doit porter le nombre de copies, soit : *Fait double à Paris.*

Le bail doit indiquer les nom, prénoms, profession et adresse de chacune des parties, la désignation complète des lieux loués, le prix du loyer ainsi que les époques de paiement, la date de l'expiration du bail.

La clause qui porterait que le locataire renonce à former pendant tout le cours du bail aucune action en dommages-intérêts contre son propriétaire ou lui intenter un procès devant les tribunaux serait **nulle de plein droit.**

La femme mariée, le mineur, l'interdit ne peuvent louer sans l'assistance du mari, du père ou de la mère ou du tuteur. *La femme séparée de biens ou de corps et le mineur émancipé peuvent louer.*

---

§ 2. — Déménagements et emménagements.

Bien que l'engagement de location parte du premier au premier, il est d'usage, a Paris, que les déménagements ou emménagements se fassent les **8 Janvier, Avril, Juillet, Octobre,** *pour les locations de* **400 fr.** *et au-dessous*, et à partir du **15 Janvier, Avril, Juillet et Octobre** *pour les locations superieures à* **400 fr.**

Les parties peuvent fixer tel jour qu'il leur plaira pour le deménagement ou emménagement.

Le denier à Dieu n'a aucune valeur légale et n'est pas obligatoire. Par conséquent, on ne peut forcer le concierge de restituer le denier a Dieu, même avant 24 heures de sa remise. Il en est de même des gratifications remises au concierge.

Le déménagement a la cloche de bois ne constitue pas un delit. Le propriétaire a le droit de faire réintégrer les meubles enleves, mais il faut encore que ces meubles soient sur le trottoir devant sa maison.

Le concierge peut empêcher le locataire de démenager quoi que ce soit avant d'être payé et au besoin de se faire appuyer par la force publique.

Le locataire doit remettre au propriétaire les clés le jour fixé à midi précis, les reparations étant faites et le déménagement opéré. L'acceptation des clés par le propriétaire est une preuve que le locataire est libéré. Si celui-ci a fait faire des cles supplémentaires. il doit les briser devant le propriétaire. Le locataire a le droit de reclamer un reçu des cles remises.

Dans le cas ou le propriétaire refuserait d'accepter les clés, le locataire doit les faire offrir par huissier ou les déposer au commissariat en présence de deux témoins.

ARTICLES DE CAVE
BOUCHONS GROS et DÉTAIL
Maison fondée en 1855

CHAVAUDRET Fils
26, Rue Vieille-du-Temple, 26
près la rue Rivoli

Nous nous occupons spécialement de la mise en bouteilles et des installations de caves a des prix modérés. — La maison se charge aussi des déménagements de caves sur simple envoi de carte postale. — On se rend a domicile dans tout Paris et banlieue. — Livraison a domicile dans Paris.

Ancien cabinet DELFAU et LECOMTE. — A E. **LECOMTE** (ancien avocat-agréé) et J. **GAHIER** (avocat, docteur en droit), *liquidateurs jurisconsultes,* **15 bis, Boulevard St-Denis, Paris.** — Téléphone, 252,11.

CARMÉINE PATE DENTIFRICE HYGIÉNIQUE
En Vente : 110, Rue de Rivoli, Paris.

Grand Hôtel du Rayon d'or. — *PARIS, rue Monge, 25* (en face le square Monge et l'Ecole Polytechnique). — Maison de famille Etienne DUBREIL. — Déjeuners et diners à volonté. Service dans les chambres. Station de voitures. Tramways, omnibus et bateaux dans toutes les directions.

PROCÈS, RECOUVREMENTS
Réclamations sur Contributions

Emile PIC, licencié en droit
108, rue de Rivoli, PARIS. — 9 h. à midi

§ 3. — Paiement des loyers.

Les loyers se paient aux termes convenus ou aux termes d'usage. Le paiement se fait a l'endroit désigné par le bail. En cas de non stipulation, c'est au domicile du locataire que doit se faire le paiement. Le locataire ne doit payer la quittance que sur la présentation du reçu *signé par le propriétaire, revêtu d'un timbre de 0 fr 10. Les frais de ce timbre sont à la charge du locataire.

La signature du concierge n'a aucune valeur, à moins d'une procuration en règle. Le locataire qui ne prendrait pas cette précaution se verrait obligé de payer deux fois en cas d'indélicatesse du concierge.

Si un propriétaire doit de l'argent à son locataire, celui-ci ne peut se rembourser de la somme qui lui est due, ni retenir une partie ou le prix total de la location.

En cas de décès du propriétaire, le paiement doit être fait à ses héritiers, et si la succession est vacante, aux mains du curateur.

Si l'immeuble est vendu, le locataire ne *devra payer entre les mains du nouvel acquéreur qu'autant que celui-ci aura fait signifier, par huissier, le contrat de propriété.*

Dans le cas d'une opposition formée par un tiers entre les mains d'un locataire comme créancier du propriétaire, le locataire ne devra payer son propriétaire qu'autant que celui-ci pourra justifier de la main-levée de l'opposition.

La quittance d'un terme n'est, en aucun cas, la preuve qu'on a payé les termes précédents. Ce n'est qu'une présomption de preuve.

A Paris, les loyers **au-dessous de 400 francs se paient** *les 8 Janvier, Avril, Juillet et Octobre ;* **ceux supérieurs à 400 francs se paient** *les 15 Janvier, Avril, Juillet et Octobre.*

---

§ 4. — Droits du locataire.

Le locataire a le droit de jouir de la cour, du jardin, du puits appartenant au propriétaire. Il a droit a une cave, à un local pour mettre son bois, à un grenier, a une remise suivant sa condition sociale et sa profession.

Le propriétaire doit tenir son locataire clos et couvert, réparer les murs, planchers, portes, fenêtres, les **cheminées qui fument,** *faire gratter, repeindre et badigeonner tous les dix ans la façade de sa maison.*

Le propriétaire doit garantir au locataire de la **cave inondée,** *des* **appartements infestés de punaises.**

Si le propriétaire ne veut pas faire les frais nécessaires pour remédier a ces inconvénients, le bail peut être resilié. S'il en résultait la détérioration des meubles. le locataire peut reclamer des dommages et interéts au propriétaire.

Il faut faire constater ces défauts au moment de l'entrée en jouissance, après il serait trop tard.

Le locataire a le droit de recevoir chez lui qui bon lui semble, de rentrer à toute heure de jour et de nuit, d'avoir des chiens, chats, oiseaux, etc., d'exiger que les escaliers soient eclairés jusqu'a minuit a Paris, d'avoir des poéles dans son appartement, de prendre des bains chez lui, de deposer son bois et de le scier dans la cour, d'exiger l'ouverture des deux battants de la porte cochère, d'exiger que l'allée du passage de la maison ne soit pas obstruee par une location, de pouvoir prendie l'eau à la fontaine a quelle heure qu'il lui conviendra, de faire fonctionner une machine à coudre pendant la journée à condition que *le bruit ne soit pas intolérable,* de se servir d'un piano **de 10 heures du matin à 10 heures du soir,** de faire apposer un tapis dans l'escalier malgré le propriétaire.

Tout locataire a le droit d'apporter certaines modifications a son appartement : déplacer une cloison, une glace, mais il

51, RUE DE LA HARPE, 51
(5ᵉ Arrondissement)
A proximité du boulevard Saint-Michel et du boulevard Saint-Germain

La Maison, vu l'importance de ses affaires traitées sur la place de Paris ainsi que l'accroissement de sa clientèle, vient de créer et d'ouvrir un

SALON RÉSERVÉ

avec une entrée particulière dans le couloir.

MAISON SÉRIEUSE

doit remettre les choses dans l'état ou il les a trouvées a son départ. *Il est préférable d'obtenir une autorisation par écrit du propriétaire.* Si le propriétaire refusait ces modifications, qui ne seraient pour lui d'aucun inconvenient. le locataire peut en référer aux tribunaux. Le propriétaire doit assurer a son locataire la jouissance paisible de l'appartement. Dans le cas de trouble, le locataire doit avant tout faire constater le fait par huissier, puis le signifier au propriétaire : celui-ci doit une indemnité au locataire. Le locataire peut, sans autorisation de son propriétaire, faire poser dans un sous-sol un calorifère pour chauffer sa boutique ou son appartement.

§ 5. — Devoirs du locataire.

Le locataire doit user de la chose louée en bon père de famille. Il est tenu de garnir ou de laisser l'appartement garni de meubles suffisants pour répondre en tout temps du paiement **d'un terme de loyer au moins.** *Les bagues, bijoux, argenterie, etc., ne sont pas considérés comme meubles meublants.*

§ 6. — Réparations locatives.

Les réparations à la charge du locataire sont les suivantes :

Réparation des âtres (*foyer de cheminée*), contre-cœurs (*le fond de la cheminée*), chambranles (*encadrements de la cheminée.*

Recrépitement du bas des murailles jusqu'à la hauteur d'un mètre.

Remplacement des carreaux de chambres lorsqu'il n'y en a que quelques-uns de casses.

Remplacement des vitres, sauf le cas de force majeure.

Réparations aux portes, croisées, planches de cloisons, fermeture, gonds, verrous, serrures.

L'entretien des stores ou jalousies avec leurs accessoires.

Les réparations aux mangeoires dans les écuries. L'entretien du jardin. Il doit remplacer les arbres fruitiers qui meurent pendant la location par d'autres du même âge *si c'est possible.* Il doit remplacer les vieux arbres et garder le bois. Il a le droit d'enlever les arbustes, fleurs, plantes qu'il a plantés lui-même.

Il doit entretenir les cuvettes des cabinets d'aisance.

Il doit rendre les armoires ou placards avec leurs tablettes et fermetures.

Il doit indemnité et nettoyage pour les taches d'encre, de graisse sur les parquets, ainsi que les brulures.

Il doit boucher les trous des clous qui existent dans les murs

Il doit rendre les lieux en bonne propreté. Il doit remplacer les carreaux qui forment le dessus des fourneaux ainsi que les grilles du fourneau lorsqu'elles sont brûlées.

Il doit les dégradations survenues aux pierres à laver si elles le sont de sa faute ; mais il ne doit pas entretenir le tuyau s'il y a une grille : cette grille se trouverait-elle enfoncée ou tordue que la reparation ne lui en incombe pas. Le ramonage des cheminées et l'entretien des sonnettes.

§ 7. — Réparations à la charge du propriétaire.

Les réparations à la charge du propriétaire sont les suivantes :

Les voûtes, les murs intérieurs qui séparent les pièces d'un bâtiment, les murs de soutènement, les clôtures, toits, couver-

tures. La partie de la cheminée en saillie au-dessus de l'âtre, les marches cassées, les pavés des cours et écuries, les portes, fenêtres et fermetures de toutes espèces, le revêtement de menuiserie, de marbre, de stuc sur les murailles d'un appartement, les parquets, les vitres cassées par la grêle, par les pierres lancées de la rue ou tout cas de force majeure. Les reparations aux tuyaux de conduites d'eau. Les treillages, berceaux, palissades des jardins. Les dégradations provenant des trous que le localaire pratique dans les murs ou les plafonds pour y accrocher des tableaux, patères, tringles, couronnes de lit, suspensions Les réparations des fourneaux de cuisine. Le curement des puits, fosses d'aisances.

§ 8. — Contestations.

En cas de contestation pour les réparations, c'est le juge de paix de l'arrondissement ou de la localité ou se trouvent les lieux qui est compétent, quelle que soit la somme reclamee et le prix de location.

§ 9. — Congé.

A Paris, le congé doit être donné :

Au moins six mois avant le terme pour les maisons entieres, les boutiques ayant façade sur rue ou passage public, les maîtres de pensions, les juges de paix et autres fonctionnaires obligés de demeurer dans un quartier détermine.

Au moins trois mois avant le terme pour les appartements d'un **prix supérieur à 400 francs.**

Au moins six semaines avant le terme pour les logements ou appartements d'un **prix inférieur à 400 fr.**

Pour les locations en garni :

A la semaine : **le quatrième jour avant midi ;** à la quinzaine : **le huitième jour avant midi ;** au mois .

le quinzième jour avant midi. Quant aux militaires appelés par ordre de leurs chefs ou par suite du déplacement de leurs corps a partir immédiatement, ils peuvent quitter leur logement sans être tenus de payer davantage que le loyer couru.

Usages pour les environs de Paris.

Jardins potagers. fleuristes du Département de la Seine — Bail présumé d'un an. Entrée en jouissance 1er octobre (*Saint-Rémy*). Congé : *six mois* à l'avance avant la *Saint-Hugues* (1er avril).

Saint-Denis. — Maisons entières, corps de logis, boutiques, appartements au rez-de-chaussée ou avec jardins, bûchers, écurie ou cave : *six mois ;* tous les autres : *trois mois.*

Pour les *pièces de terre,* le bail est d'un *an* et va du *10 novembre au 11 novembre* de l'année suivante.

Pantin, Sceaux, Arcueil, Choisy-le-Roy, Ivry. Gentilly, Vitry. Villejuif. — Même usage qu'a Paris, mais pour les maisons de cultivateurs donner le congé le *10 mai* pour le *11 novembre.*

Charenton. — Appartements : comme à Paris.

Magasins : 300 fr. et au-dessus · *six mois :* inférieurs a cette somme : *trois mois ;* jardins : baux *d'avril en avril,* congé six mois à l'avance.

Neuilly, Courbevoie, Nanterre. — Maisons, boutiques et appartements . comme à Paris ; blanchisserie et maisons avec jardins : baux d'avril en avril, congés *six mois* à l'avance.

Versailles. — Six mois pour les boutiques, corps de logis, maisons. Trois mois pour les loyers excédant 200 fr. Six semaines pour ceux inférieurs.

§ 10. — Devoirs du concierge.

Le concierge est considéré comme un domestique au service du propriétaire. Il doit garder et surveiller la maison, l'entretenir en bon état de propreté et salubrité, balayer les trottoirs devant la maison, nettoyer, arroser, balayer les escaliers, les cours, les pompes, cabinets d'aisances et plombs en commun. **Il doit être poli et complaisant envers le locataire** (Code penal, art. 471 et art. 33, juillet 1881). *Le propriétaire est civilement responsable.* Il doit **monter les lettres et les paquets trois fois par jour au moins.** Il ne doit pas lire les cartes postales ou les journaux adressés au locataire ni les lui remettre tardivement. *Il s'expose a des dommages-interets dont le propriétaire est responsable.* Il doit avertir le locataire lorsqu'un visiteur est venu le demander durant son absence.

Il doit ouvrir la porte à toute heure du jour ou de la nuit aux locataires et à leurs voitures. Il doit indiquer ou se trouve la porte du locataire qu'on demande et il doit laisser monter les visiteurs quels qu'ils soient.

Il doit veiller à ce que les domestiques, fournisseurs, etc., passent par l'escalier de service, **mais il ne pourrait y faire passer les visiteurs.** Il ne peut se refuser a donner la nouvelle adresse d'un ex-locataire lorsqu'il la connait. (*Pour éviter toute discussion, il est prudent de signifier par lettre recommandée sa nouvelle adresse au concierge et d'en garder le duplicata ainsi que le reçu de la poste.*)

Le locataire a le droit, **dans le cas d'impolitesse du concierge,** à demander son renvoi au propriétaire ou. *en cas de refus,* de le faire ordonner par les tribunaux. Cela peut devenir une cause de résiliation du bail ou des dommages si le propriétaire s'obstinait dans son refus.

Le concierge n'a pas le droit de refuser, sous aucun preexte, l'adresse réelle du propriétaire, quels que soient les motifs du locataire.

Charles BLANC

Fabricant de bronze d'éclairage

Pour le GAZ, l'ELECTRICITÉ, l'ACÉTYLÈNE

Appareils d'Hydrothérapie

SALLE DE BAINS

depuis 345 francs

Voir fonctionner tous les jours la **Salle de bains ideale**

45, Boulevard Richard-Lenoir, 45

PARIS

En Magasins :

Grand choix d'Appareils d'Eclairage de tous styles et Art nouveau.

Téléphone : 261.78

ATELIER DE DESSIN ET SCULPTURE

Le concierge, en cas d'absence du locataire, ne peut se refuser a recevoir tout objet apporté par un fournisseur *si on ne lui réclame pas le paiement.*

S'il s'agit d'une pièce de vin, du charbon, le concierge peut refuser *si le locataire ne lui a pas laissé la clé de la cave,* mais il doit avertir le locataire immédiatement a sa rentrée.

§ 11. — Saisie.

Dans les engagements de location sous signatures privees, le propriétaire doit d'abord faire signifier a son locataire un commandement de payer. Si dans les 24 heures de la reception du commandement, le locataire n'a pas payé, le proprietaire peut faire saisir le mobilier. On appelle cela la saisie-gagerie.

L'huissier se présente avec deux témoins, il réitère le commandement fait 24 heures auparavant et après avoir constate que le locataire n'a pas payé, il dresse une liste des objets saisissables qui se trouvent dans le logement. Il indique une personne comme gardienne des objets saisis sous sa responsabilite personnelle, puis il enjoint au locataire a se trouver a tel jour et à telle heure au tribunal competent pour entendre prononcer la validation de la saisie. L'huissier et les temoins signent le procès-verbal de saisie, le locataire est aussi invite à le signer, mais il peut se refuser a le faire, *ce qui vaut mieux.*

L'huissier ne peut faire de saisie que du lever au coucher du soleil, excepté les dimanches et fêtes.

Le propriétaire ne peut saisir : *le coucher nécessaire ainsi que les vêtements du locataire, de sa femme et de ses enfants ; les livres necessaires à l'exercice de sa profession ; les equipe-*

ments militaires : les outils necessaires aux ouvriers pour l'exercice de leur profession ; les farines et denrees necessaires a la consommation du locataire et a celle de sa famille pendant un mois.

Il doit laisser a son locataire une vache, ou trois brebis, ou trois chèvres, ainsi que les pailles, fourrages et grains necessaires a la litiere et a la nourriture de ces animaux pendant un mois.

L'argent comptant, les pierreries, les diamants, les bijoux, les billets a echéance, les marchandises en depôt ou en consignation chez le locataire ainsi que celles qui ont été remises pour être façonnees par lui, selon sa profession, ainsi que les matieres premieres.

Le propriétaire ne peut saisir que les meubles meublants.

La saisie n'autorise pas le propriétaire a faire vendre. Il doit la faire valider par le juge de paix lorsqu'il s'agit d un **loyer inférieur à 400 fr.** et par le tribunal de premiere instance s'il s'agit d'un **loyer supérieur à 400 fr.** Le jour de l'audience et quand l'affaire est appelee, le locataire peut demander des délais pour payer. De la saisie validee par le tribunal, le jugement est signifié au locataire par acte d'huissier indiquant le lieu, le jour, l'heure de la vente. Il doit s'écouler au moins huit jours entre la signification et la vente. La veille, la vente est annoncée par des affiches.

Pour retarder la vente du mobilier, il suffit de faire signifier par un autre huissier avant le commencement de la vente, que l'on veut aller en référé, ce a quoi ne peuvent refuser ni le proprietaire ni l'huissier. **Ce dernier est tenu d'arrêter immédiatement les poursuites.** Le propriétaire et le locataire se rendent tous deux à l'audience du reféré et s'expliquent devant le juge, qui accorde generalement un delai plus ou moins long. **Il faut faire attention de payer**

LA PROPRIÉTÉ POUR TOUS PAR L'ÉPARGNE

Terrains à vendre par Lots depuis **2 fr 50** le mètre.

PAYABLES 4 FRANCS PAR SEMAINE.

Dependant du magnifique Domaine de Château FRAYE a cinq minutes de la station de Draveil-Vigneux (P.-L.-M.) entre les gares de Villeneuve-Saint-Georges, Montgeron, Ablon et Athis-Mons, à dix minutes de la Seine, (Pays très sain et à l'abri de toute inondation). **17 kilomètres de Paris.**

Ces terrains sont vendus par lots de toute contenance, au gré des acquéreurs : ils sont en façade sur de belles avenues de dix et douze mètres de largeur et de première qualité pour toute espèce de culture.

Dans le centre de la propriété, se trouve un magnifique parc boisé de haute futaie également mis en vente et entourant une superbe pièce d'eau de 20.000 mètres de superficie, alimentee par des sources très poissonneuses, qui sera mis a la disposition des acquéreurs, pour la pêche.

Pour faciliter l'achat et le paiement de ces terrains, une Societe d'épargne : **LA VILLA VIGNEUX,** s'est constituee et a déja reuni près de 500 adherents, avec des sections dans des différents quartiers de Paris et en Banlieue, et administrée par elle-même, avec les conditions de paiement suivantes :

Pour chaque lot de 500 metres et au-dessous : 2 fr. d'admission, 60 fr. en cinq versements mensuels, plus 3 fr. par semaine jusqu'a parfait paiement (possession et jouissance immédiates). On peut payer par anticipation.

Les Sociétaires acquéreurs ne sont assujettis entre eux à aucune responsabilité ni cautionnement. Les garanties de la plus parfaite loyauté sont offertes aux acquereurs.

Pour de plus amples renseignements s'adresser a **MM. PORCHY et DERORE, propriétaires, 101, Boulevard Beaumarchais.**

Il est établi depuis de nombreuses années que le placement d'argent sur les terrains, tant dans Paris que la Banlieue, est le plus sûr et le plus fructueux.

REMISE AU COMPTANT

exactement aux époques ordonnées par le juge, sinon le propriétaire pourrait reprendre la vente, qui ne pourrait plus alors être retardée.

Le propriétaire a le droit de retenir le mobilier pour les réparations locatives.

Les frais de poursuites faites par le propriétaire pour le paiement des loyers sont à la charge du locataire ; les frais d'expulsion sont à la charge du propriétaire.

Sous-location.

A moins de conventions contraires, le locataire a le droit de céder son bail ou de sous-louer. Dans le cas de sous-location, le locataire reste toujours garant du paiement du loyer. La clause du bail qui interdit la sous-location interdit en même temps la cession, mais l'interdiction de céder n'empêche pas de sous-louer.

CAVES

de l'Union des Vignerons et des Consommateurs

12, Rue de Lyon, PARIS

Les plus vastes caves de Paris

MIDI, BORDEAUX, BOURGOGNE, TOURAINE, etc.

Edité par E. GUILLOU, 51. Rue

www.ingramcontent.com/pod-product-compliance
Ingram Content Group UK Ltd.
Pitfield, Milton Keynes, MK11 3LW, UK
UKHW021158230726
13926UKWH00001B/161